Les Frères

DES

Écoles Chrétiennes

EN PALESTINE

PAR LE

Frère ÉVAGRE

Provincial des Ecoles Chrétiennes à Bethléem (Syrie)

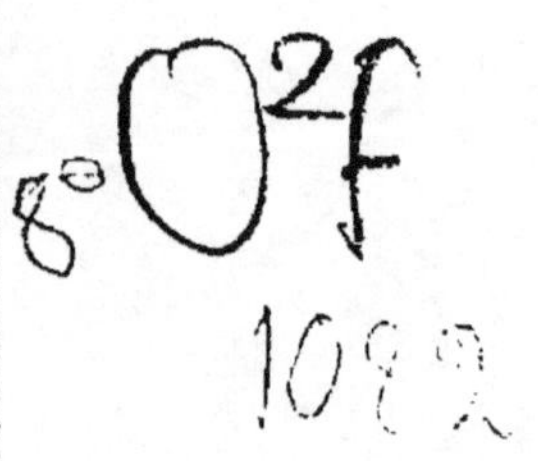

Les Frères des Écoles Chrétiennes

EN PALESTINE

En l'année 1874, un certain nombre de Frères des Écoles chrétiennes d'Égypte obtinrent la faveur d'un pèlerinage en Terre Sainte.

Les autorités religieuses et consulaires les reçurent avec bienveillance et leur proposèrent l'ouverture de quelques écoles en Palestine.

Les Frères, à la suite de ces entretiens, firent un rapport à leur Supérieur général qui traita directement cette affaire avec Rome et les autorités de la Ville Sainte.

Au mois d'avril 1876, un de ces Frères pèlerins arriva à Jérusalem, et, au nom de ses supérieurs, conclut la question des écoles, et tout fut arrêté à la satisfaction des intéressés.

Les Pères Franciscains, qui étaient depuis longtemps les amis des Frères en Égypte, céderaient leurs écoles de ces contrées, là où ces derniers s'établiraient; le consulat

de France obtiendrait de son gouvernement une alloca-
tion annuelle qui aiderait à l'entretien de la communauté;
la Custodie ferait un don chaque année pour fournir des
classiques aux enfants pauvres; et, à Jérusalem, le pa-
triarcat offrait le terrain sur lequel se construirait la
maison d'école, avec espace pour cour et jardin.

Ainsi fut arrêté définitivement tout ce qui concernait
l'installation des Frères en Palestine.

JÉRUSALEM

Deux Frères des Écoles chrétiennes débarquaient à
Jaffa, le 27 novembre 1876, pour ouvrir une école dans
la Ville Sainte.

Appelés par S. Exc. Mgr Vincent Bracco, patriarche
de la Ville Sainte; désirés par M. Patrimonio, consul de
France; demandés par le R^{me} P. Gaudenzio, custode de
Terre Sainte, les Frères répondaient à ce triple appel et
satisfaisaient aux vœux de la population.

Hébergés généreusement par la Custodie pendant les
dix-huit mois de la construction de leur école, ces deux
Frères se mirent à l'œuvre, et, aidés des offrandes de
leur Institut, comme de celles de quelques amis, ils éle-

ÉTABLISSEMENT DES FRÈRES DES ÉCOLES CHRÉTIENNES A JÉRUSALEM

vèrent le bâtiment que nous représentons sur les ruines d'une célèbre forteresse bâtie par Hérode Agrippa, réparée plus tard par Tancrède au temps des Croisades.

Le 14 octobre 1878, les travaux étant à peu près terminés, les classes furent ouvertes, et, comme il avait été convenu, les Pères Franciscains remirent aux Frères les élèves, que jusqu'alors ils avaient instruits eux-mêmes avec zèle et dévouement.

Mgr le patriarche, entouré de son clergé et de toutes les autorités religieuses et civiles, bénit solennellement la maison, à la grande joie de tous; M. le consul de France voyait enfin ses vœux réalisés, ses désirs accomplis.

La communauté se composait alors de 5 Frères et les classes de 109 élèves de toutes nations et religions, tous disciples des bons Pères de Terre Sainte.

Le temps a marché depuis, et la ville compte les anciens élèves des Frères dans les professions manuelles, le commerce, les administrations, le sacerdoce, la vie religieuse; et tous, reconnaissants envers leurs maîtres, tous, fidèles à leurs devoirs religieux, aiment la France qui leur a donné ces professeurs, et beaucoup parlent de préférence la langue de ceux qui les ont instruits.

Aujourd'hui, les Frères, au nombre de 14, instruisent plus de 250 élèves.

Ils ont dû, à cause des besoins actuels, et pour soutenir la concurrence de près de 30 établissements scolaires de garçons, anglais, allemands, italiens, russes, grecs, turcs, israélites, etc., ajouter à leur programme d'études plusieurs spécialités indispensables, afin que leurs élèves puissent avec avantage lutter pour les besoins de la vie.

Chacun sait que Jérusalem n'a d'autres moyens de subsistance que le passage des touristes, le séjour des pèlerins, le travail et la vente d'objets pieux ou de fantaisie, en nacre, en bois d'olivier, etc.; aussi, faut-il surtout aux élèves l'étude de plusieurs langues, des connaissances en dessin et de la comptabilité. C'est à quoi les Frères s'appliquent avec zèle, mettant toutefois et toujours au premier rang l'enseignement des devoirs envers Dieu et envers la patrie.

JAFFA

En 1882, il fut demandé aux Frères de s'établir à Jaffa, et cette demande d'une population entière fut

ÉCOLE DES FRÈRES DES ÉCOLES CHRÉTIENNES A JAFFA

agréée par Mgr le patriarche, encouragée par M. le
ministre des Affaires étrangères d'alors (1), à la suite
des sollicitations empressées de MM. les consuls de
France à Jaffa et Jérusalem. A Jaffa comme dans la
Ville Sainte, les Pères Franciscains cédèrent leur école
aux Frères, et 4 de ces religieux, venus de France à cet
effet, eurent tout de suite 90 à 100 élèves dans les classes
provisoires, dans un immeuble insuffisant.

Les élèves augmentant chaque jour, il fallait songer
à l'acquisition d'un terrain convenable pour y construire
de plus vastes salles pour les classes, quelques apparte-
ments pour les Frères, aujourd'hui au nombre de 16.

Le premier directeur ne jouit pas de ce nouveau local ;
il se noya en voulant sauver la vie à un jeune israélite,
son élève.

Dans ces nouveaux bâtiments construits à grands
frais, à l'aide d'un emprunt de près de 60 000 francs, les
élèves affluèrent en si grand nombre qu'il fallut créer une
école dans un quartier plus éloigné. On ne craignit pas,
dans l'intérêt des enfants, de faire une nouvelle dépense,
et 30 000 francs furent ajoutés à la dette première.

(1) M. Gambetta.

Moins heureux que d'autres, les Frères ne trouvèrent aucun fondateur pour élever et entretenir cette double école ; ils eurent du moins la consolation de voir plus de 3oo élèves honorer leurs classes par de tels progrès que M. Félix Faure, en son voyage aux Lieux Saints, s'étonnait de trouver en ces contrées des enfants et des jeunes gens parlant si bien notre langue, tout en se perfectionnant dans la leur et dans l'étude de l'anglais, etc.

Tous ces succès, dus au zèle infatigable des maîtres, font que cette école de Jaffa mérite plus que jamais le renom d'école modèle qu'elle a acquis pour la gloire du catholicisme en l'honneur de notre pays.

CAIFFA

Au pied de la sainte montagne du Carmel se trouve une charmante petite ville baignée par la baie de Saint-Jean d'Acre : c'est là que les Frères, appelés par les Pères Carmes en 1883, ouvrirent une école pour une population qui tend à s'accroître de jour en jour, vu les travaux du chemin de fer qui, de Caïffa, passant par Damas, va rejoindre Bagdad, etc., etc.

Dans cette localité, composée de catholiques de rites

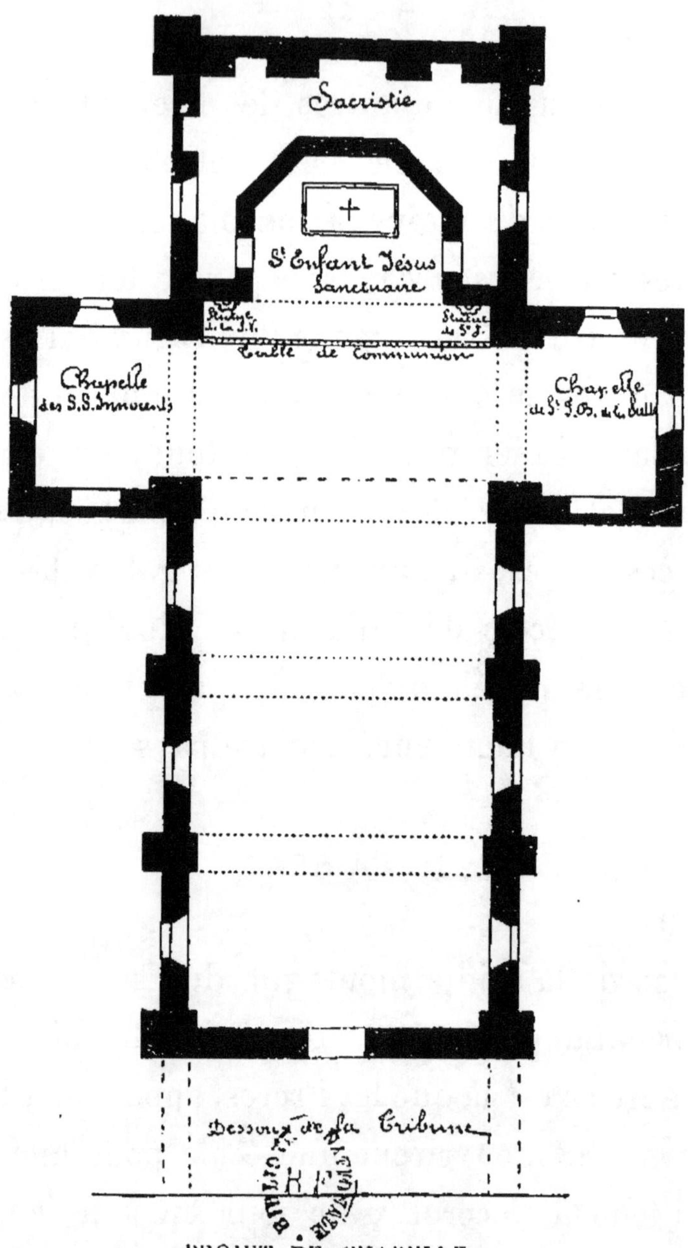

PROJET DE CHAPELLE
DU NOVICIAT DES FRÈRES A BETHLÉEM

différents et de dissidents grecs et autres, se trouvent aussi beaucoup d'israélites et une colonie allemande très florissante. De là, parfois, cette cordialité douteuse que seule l'école peut rendre plus franche, plus sincère.

MAISON DES FRÈRES DES ÉCOLES CHRÉTIENNES A CAÏFFA

L'école des Frères de Caïffa, qui réunit les enfants de ces familles aux sentiments si opposés, compte aujourd'hui 15 Frères et plus de 200 élèves; il y aurait lieu d'ajouter une annexe à cet établissement pour les enfants dont les demeures sont éloignées.

Et si, pour cette maison, il était demandé les moyens d'existence ; il serait répondu comme pour toutes autres de la Palestine : la Providence sous différents noms, car

Aux petits des oiseaux, Dieu donne la pâture,
Et sa bonté s'étend sur toute créature.

BETHLÉEM

Entre les deux chemins qui, au tombeau de Rachel, conduisent, l'un à Hébron où se trouvent les sépulcres d'Abraham, d'Isaac, de Jacob ; l'autre, à la Grotte à jamais bénie où naquit le divin Enfant Jésus, là-haut, sur la colline qui domine Bethléem, on aperçoit un vaste établissement : c'est le noviciat oriental des Frères des Écoles chrétiennes, auquel sont adjoints un petit noviciat pour de pieux adolescents de treize à seize ans, et une École normale pour les jeunes religieux de dix-sept à vingt ans. Les Frères malades, âgés ou infirmes trouvent aussi dans cet asile tous les soulagements dont ils ont besoin.

Dire ce que cette œuvre a coûté de démarches, de peines, de fatigues aux Frères qui l'ont entreprise, ce

NOVICIAT ORIENTAL DES FRÈRES DES ÉCOLES CHRÉTIENNES A BETHLÉEM

qu'elle réclame chaque jour pour son entretien, pour les besoins d'un si nombreux personnel, c'est exalter la charité des bienfaiteurs qui, par leurs dons, ont aidé aux constructions, et qui, par leurs offrandes continues, donnent le pain quotidien aux habitants de ce pieux asile.

Quand je dis encore asile, je veux surtout parler de nos frères proscrits, de ces jeunes religieux venus de France pour conserver leur vocation près du berceau du divin Persécuté.

Former des maîtres qui sachent enseigner et notre langue et celle de ces pays, la langue arabe, si difficile pour les Européens quand elle n'est pas apprise dès la jeunesse; fournir des professeurs pour les écoles de ces contrées, telle est la raison de cet établissement.

Cette école de formation, ouverte d'abord à Jérusalem en 1885, a été transférée à Bethléem en 1893, aussitôt les constructions terminées.

S'il est une œuvre qui mérite les charitables sympathies de toute personne qui a visité la Terre Sainte et qui en connaît les vrais besoins, c'est bien celle dont il est ici question. Si élever des enfants dans la crainte de Dieu, les instruire pour leur procurer de vivre honnêtement, est un bienfait dont ces pauvres populations sont reconnaissantes ; former des maîtres religieux pour cette jeunesse intelligente, n'est-ce pas un bienfait plus grand encore? Sans l'arbre, où serait le fruit? J'en laisse juges nos lecteurs.

Plusieurs établissements catholiques en Palestine doivent les constructions de leurs couvents, chapelles, hôpitaux, etc., à une grande âme, à un cœur généreux.

La maison des Frères à Bethléem soupire depuis sa création après une chapelle qui serait dédiée au saint Enfant Jésus; déjà elle en a tracé le plan, jeté en grande partie les fondements..... Elle attend... (1).

Obtenir par le secours tout-puissant du divin Enfant de Bethléem que la jeunesse des écoles du monde entier voie sa divine image occuper la place d'honneur dans toutes ces écoles et la foi renaître là où elle est en danger, telle est l'intention de ces religieux. Puisse ce pieux désir voir bientôt son accomplissement.

NAZARETH

Cette charmante localité, Nazareth, nommée la ville des fleurs, surtout, sans doute, à cause de la Vierge

(1) Voir page 13.

ÉTABLISSEMENT DES FRÈRES DES ÉCOLES CHRÉTIENNES A NAZARETH

Marie, cette fleur sans égale, toute pure et sans tache, a depuis trop longtemps des écoles dissidentes où la Vierge bénie n'est pas honorée. Ce mal sans nom, dans une localité catholique où l'ange annonça à Marie sa divine maternité, appelait les Frères auprès des dignes Pères Franciscains. Ils y vinrent en 1893.

Pour que l'œuvre fût durable, il fallait des contradictions, des épreuves ; elles ne manquèrent pas. Comme la Sainte Famille, les Frères connurent les privations, la pauvreté ; ils surent ce qu'est un logement insalubre, des classes humides ; il leur fallait s'abriter ici, là, un peu partout, et, pour seule consolation (qui leur était une souffrance), voir leurs chers enfants les suivre dans les divers et tristes abris obtenus difficilement et à prix d'argent, et cela, jusqu'à ce que l'un des leurs se soit fait pèlerin-mendiant près de ses frères, de ses amis, du gouvernement français, afin d'arriver à construire une maison qui honorât l'Église, son pays et cette ville aux si doux souvenirs.

Pourquoi ne pas le publier ici dans un continuel merci ? Il fallait en cette sainte ville, en face de ces établissements si bien rentés par les Sociétés bibliques et autres ; en face de ces écoles étrangères à notre foi, à notre patrie, une école qui répondît aux besoins des intelligents Nazaréens; et, quoique les Pères de Terre Sainte n'eussent pas oublié ce devoir, du renfort dans le combat était chose essentiellement bonne. En terminant, le devoir de la reconnaissance nous oblige aussi à publier qu'il fut un bienfaiteur que la mort a enlevé aux Frères, dont les offrandes généreuses ont largement servi dans ces constructions et dans d'autres de ces contrées. Que sa mémoire soit à jamais bénie! Que Dieu daigne susciter des imitateurs à cet insigne ami des Frères!

Nazareth, Bethléem et Jérusalem, ces trois villes les plus saintes du monde, ont des écoles françaises dirigées par les Frères des Écoles chrétiennes.

Caïffa, au pied du Mont Carmel, le premier des sanctuaires élevés à la Vierge bénie, et Jaffa, d'où partirent les apôtres pour évangéliser le monde, en ont aussi.

Nous faisons des vœux pour que trois autres localités du diocèse de Jérusalem aient bientôt cette faveur.

Fr. Évagre,

1627-06. — Imp. P. FERON-VRAU, 3 et 5, rue Bayard, Paris, VIIIe.

www.ingramcontent.com/pod-product-compliance
Lightning Source LLC
Chambersburg PA
CBHW051245070726
47594CB00013B/3198